걷고, 느끼며, 마음속에 쉼표를 그려본다

걷고, 느끼며, 마음속에쉼표를 그려본다

김현숙 지음

둘레길 숲이 전한 위로와

발자국마다 담긴 따듯한 치유 한 스푼

바른북스

삶의 큰 우산이 되어주신 엄마, 사랑합니다.
Dedicated to my mother, Jung Sun Choi.
She passed away on July 10, 2025.

한 땀 한 땀 바느질하듯 글을 적는 데는 상당한 용기가 필요했다. 녹슨 머릿속 회로와 곰팡이 핀 감성 주머니를 기름칠하고 청소하며, 둘레길에서 만난 생각과 의미를 되새기고 더욱 깊이 느끼고 싶었다. 거창한 장소가 아니어도, 뛰어난 인생이 아니어도, 소박함 속에서 빛나고, 진솔함이 묻어나는 글을 적어보고 싶었다. 이제 그 첫 단추를 끼우려 한다.

우리는 '초록은행'인 자연 속에서 각양각색의 대상을 만나고, 스스로 푸르러지는 기쁨을 맛본다. 이것을 '초록행복'이라 부르고 싶다. 숲의 둘레길에서 현실 생활로 돌아오더라도 그 에너지와 충만감은 지속성이 있다. 한결 긍정적이고 차분해진 자신을 마주할 수 있기 때문이다. 둘레길을 걷는 것만으로도 행복의 그릇이 커져가는 것을 느낀다.

무심히 지나쳤던 자연이 내 마음에 난 홈들을 메꾸어 준
다. 발길에 차이는 작은 돌멩이 하나조차 시가 되고 의미가
되는 순간을 느낀다. 자연은 덧없이 흐르는 시간을 아쉬워하
는 나를 다독이고, 나 아닌 너를 만나 이해하고 보듬는 시간
을 선물한다.

이름 모를 이들이 쌓아 올린 돌탑을 바라보며 피고 지는
꽃들에 매료되고, 멋진 초록빛 향연과 아름다운 색으로 물들
어 가는 잎사귀들을 보며 마음과 눈이 즐거워진다. 이렇듯
무상으로 주어지는 자연의 보약 덕택에 육체와 정신이 더욱
확장되고 맑아짐을 느낀다.

둘레길을 걸으며 느꼈던 따스한 감정들과 풍경들을 함께
나누고 싶다. 혼자만의 비밀처럼 간직하고 싶은 '나만의 초록
섬'을 만들어 힘겨울 때나 휴식이 필요할 때, 그 넓고 푸근한
품에 안겨보자.

P.S. 이 책에 게재된 모든 사진은 Apple iPhone(version 11-PRO)을 이
용하였다.

목차

Prologue

Part I
둘레길이 나에게
속삭여 준 이야기들

Part II 숲의 속삭임,
비로소 너를 알게 되었다

둘레길이 나에게
속삭여 준 이야기들

돌멩이 하나하나에
마음을 담아서

　나에게 둘레길은 걷고 명상하며 자연과 교감하는 장소이
다. 단조롭고 건조한 매일의 흔적을 씻어내고, 생채기 난 마
음을 치유받는 곳이다. 혼자 간직하고 싶은 비밀의 장소, 나
에게 둘레길은 그런 공간이다. 초록이 주는 그 신선함과 계
절에 따라 변화하는 자연의 모습에 동화되어 가는 나를 마주
하는 곳이기도 하다.

　그런데 늘 같은 코스를 걷다 보면, 똑같은 풍경 속에 때로
는 지루함을 느낄 때가 있다. 그러나 우연히 시선이 닿은 곳
에서 그동안 보지 못했던 식물들을 발견하거나, 새소리를 따
라 시선을 옮기다 보면 뜻밖의 풍경에 가슴이 설레기도 한다.

무심히 지나치던 돌무더기에 어느 순간 시선이 머물기 시작한다. 누군가 쌓아 올린 돌멩이에 담긴 감정들이 음악이 되어 마음속으로 스며든다. 돌멩이 하나하나에 마음과 소망을 담아 켜켜이 쌓아 올려진 그 모습을 보면 가슴이 뭉클해지기도 한다. 왜냐하면, 지극히 개인적인 추측이지만, 나는 돌멩이 하나에 사연과 믿음, 기도, 축복과 갈망이 깃들어 있다고 생각하기 때문이다.

어떤 대상에 대한 생각이 깊어질수록 '아차' 하는 순간에 왜곡된 길로 빠지는 실수를 하거나, 대상을 바라보는 시야가 좁아진다는 것을 인생의 길 위에서 배웠다. 그래서 나는 가슴을 활짝 열고, 나의 생각을 내려놓은 채 그저 눈에 들어오는 모습, 그 순간을 포착하려 노력한다.

어느 날은 스칼렛 오하라를 만나기도 하고, 때로는 기도하듯이 촛불을 가슴에 품고 있는 사람과 마주치기도 한다. 그러다 어느 날은 서로 지긋이 바라보는 연인과 사랑스러운 가족도 보게 된다. 그런데 어느 날 다시 그 자리에 가보면, 흔적도 없이 사라지고 새로운 누군가의 소망으로 쌓아 올려진 돌탑을 만나게 된다. 그럴 때면 '사라짐'이라는 약간의 섭섭함이 느껴지기도 한다. 하지만 그 자리에 다시 채워진 또 다른 누군가의 마음을 만나는 순간 역시 소중하게 다가온다.

걷고, 느끼며, 마음속에 쉼표를 그려본다

돌탑은 우리에게 어떤 의미를 지닐까?

이름 모를 다양한 사람들이 마음을 담아 쌓아 올린 돌탑들의 이야기

걷고, 느끼며, 마음속에 쉼표를 그려본다

아름다운 여인들의 모습

　아직 쌀쌀한 기운이 감도는 봄날, 우연히 마주친 그녀에게
선 소설 속 〈사랑방 손님과 어머니〉에 나오는 조용하고 수줍
음 많은 어머니의 모습이 느껴진다. 절제된 감정과 단정한
옷차림에 약간 상기된 듯 미소를 머금은 그녀의 모습은 어딘
가 모르게 깊은 그리움을 느끼게 한다. 그녀를 만난 봄의 싱
그러운 연둣빛이 주변을 가득 채운 그날, 그녀에게서 은은한
유채꽃 향기가 풍겨오는 듯했다.

　가을 초입에 다시 만난 그녀는 어딘가 달라진 모습이다.
그녀는 봄날의 순수함 대신 오렌지 빛깔처럼 타오르는 열정
을 감춘 여인이 되어 있다. 한 여인이 순간적으로 나의 뇌
리를 스치고 지나간다. 〈바람과 함께 사라지다〉의 여주인공

'스칼렛 오하라'이다. 붉게 물든 저녁노을을 바라보는 그녀의 가슴은 뜨거운 열정과 사랑으로 가득 찬 듯하다. 그녀는 흔들림 없는 모습으로 강렬한 존재감을 드러내며 굳건히 서 있다.

늦가을 스산함의 농도는 짙어지고, 서쪽으로 기울어지는 석양에 그녀로부터 발산되는 사랑에 대한 갈망이 투영되어 한 편의 서사시처럼 감동으로 다가온다. 먼 곳을 응시하는 모습에서 풍겨 나오는 쓸쓸함과 검붉은 장미 같은 우아함이 빚어낸 실루엣은 나의 시각과 후각을 동시에 자극했다.

그해 겨울, 긴 치맛자락을 날리며 겨울의 차가운 바람 속에 온몸으로 소복이 흰 눈을 가득 끌어안은 여인을 마주했다. 바스락거리는 낙엽, 얼음장 같은 겨울의 찬 공기 속에 흔들림 없이 우뚝 서 있는 그녀는 혼자라는 외로움 속에서도 마치 얼음왕국의 여왕처럼 우아하고 고고하다. 누군가를 천만년 이상 홀로 흔들림 없이 그러나 쓸쓸히 기다리고 있을 듯한 그녀를 따뜻한 가슴으로 안아주고 싶다는 생각이 문득 들었다.

수줍음 가득한 사랑방 어머니

다홍색 열정으로 빛나는 스칼렛 오하라

걷고, 느끼며, 마음속에 쉼표를 그려본다

흰 눈에 감싸인 겨울왕국의 여인이여!

소망을 담은 사람,
가슴에 촛불을 안고

둘레길을 걸으면 정말로 다양한 모습의 사람들을 만나게 된다. 긴 산행을 준비해 배낭을 단단히 어깨에 둘러메고 등산스틱으로 땅을 굴리면서 걷는 사람들, 알록달록 등산복으로 한껏 멋을 낸 중년의 여인들, 높게 라디오 볼륨을 올리고 천천히 걷는 어르신들, 삼삼오오 친구들과 산책하는 사람들, 강아지와 함께 걸으며 교감하는 사람들, 산에서도 핸드폰을 내려놓지 못하고 보이지 않는 많은 대상들과 목소리만으로 대화하는 사람들, 맨발로 땅과 이야기하는 사람들, 자연으로부터 치유를 받고자 하는 나와 유사한 사람들…

이렇게 다양한 사람들 속에서 둘레길에 만들어지는 이름 모를 돌탑들 역시 같은 모양은 없다.

'하나둘 올려져 있는 돌멩이마다 담겨 있는 의미들은 무엇일까?' 하는 의문이 들 때가 많다. 들키고 싶지 않은 기원과 무엇인가라도 붙잡고 싶은 애절한 마음, 혹은 이곳을 스쳐 지나가는 사람들에 대한 나눔의 정, 자연에 대한 인사, 다녀간다는 흔적의 의미 등등 정말 다양한 이유가 그 속에 고이 담겨 있을 것으로 미루어 짐작할 수 있다.

오늘, 나는 한 남자의 차분하고 정적인 기도를 목격했다. 가지런히 모은 두 손에 올려진 촛불 하나… 무엇을 위해 염원하고 기도하고 있는지 궁금하다. 한편으로는 아련한 마음보다 조용하며, 굳건히 흔들리지 않는 마음으로 자신을 성찰하는 사람처럼 느껴진다.

그것은 믿음이다.

오직 하나를 향한 그의 마음이다. 그를 바라보는 내 마음은 고운 향기로 가득해진다.

고요함 속 촛불 하나에 온 마음을 싣고 정진하는 누군가의 '믿음'

걷고, 느끼며, 마음속에 쉼표를 그려본다

고요 속에서 마주한
동자 스님

'동자 스님 왜 그리 높은 곳에 홀로 서 계신가요? 외롭지는 않으세요?'라고 물어보고 싶다.

오롯이 서 있는 모습에서 힘이 느껴진다. 그 작은 어깨가 강건해 보인다.

'마음에 품으신 뜻을 이루시리라 믿어 의심치 않습니다'라고 전하고 싶다.

뒷모습 또한 더없이 조용하다. 어떤 미사여구가 더 필요할까? 조용한 침묵 속에 빛나는 동자 스님의 마음이 돛단배처럼 띄워져 흐름 속에 있음이 느껴진다. 그 어린 동자 스님의 마음속 깊이 있는 고요함이 나를 부끄럽게 한다. 매일매일

애달파하며 동동거리고 바쁘게 살아가는 나의 어리석음에 고개가 숙여진다.

'저에게 주어진 시간 속에 조용히 침전하고, 저 자신을 찾고 싶습니다. 동자 스님!'

'무엇을 위해 무엇을 찾고자 이 인생을 살아가는지에 대한 화두를 저는 풀 수 있을까요?'

두 손을 모으고 잠시 눈을 감은 채 둘레길 벤치에 앉는다. 그 순간, 잔잔한 물 위에 피어난 한 송이 연꽃을 바라보는 나를 발견한다. 향기로운 그 꽃 속에 번잡한 마음을 살며시 내려놓자, 내 안의 물결이 고요히 가라앉는다.

걷고, 느끼며, 마음속에 쉼표를 그려본다

고요한 가운데 깊이를 더하여, 차분히 바라보고 싶은 동자 스님의 모습

미소 짓는 당신은 아름답습니다

무더운 여름 한가운데 둘레길 초입부터 땀이 하늘에서 내리는 굵은 빗방울처럼 후드득후드득 이마에서, 목덜미에서 떨어진다. 아마 지나치는 사람들이 나를 보면 물에 한 번 들어갔다 나온 사람인 줄 알 것이다. 여름 산행의 필수품인 차갑게 얼려져 있는 손수건을 가방에서 꺼내 얼굴을 덮어본다. 천국이 따로 없는 느낌이다. 순간 더위가 거짓말처럼 싹 가신다. 그리고 벤치에 잠시 앉아 허벅지와 목덜미에 손수건의 냉감이 내 피부 속으로 전해질 때까지 가만히 놓아둔다. 아마도 그 뜨거운 열감을 느껴보지 않았다면 시원한 손수건의 고마움을 알지 못할 것이다.

후끈한 공기 속으로 한숨 크게 내뱉고 다시 둘레길을 걷기 시작한다. 얼마 가지 않아 돌무더기 속에 방긋 웃는 해맑은 미소를 만났다. 내 마음에 포근히 내려앉은 그 미소는 시름도 삭혀주고 알지 못할 열기가 가득한 내 가슴도 차분하게 내려 준다. 그저 한참 동안 그 앞에 서서 바라보았다. 이유를 말할 수 없는 있는 그대로의 순수한 그 미소가 내 마음을 바라보며 속삭이는 듯했기 때문이다.

지금껏 나에게 주어진 시간과 공간에서 씨실과 날실의 연으로 지어온 만남과 인연들에게 얼마나 다정히 미소를 지었는가 하는 생각이 마음속에서 고개를 든다. 갑자기 반성 모드로 들어선 나에게 그 돌멩이의 미소가 '괜찮아. 투쟁하듯 삶을 살아가지 마. 부드러운 미소로 너를 감싸줘 봐. 그리고 너의 주위 사람들에게 미소를 돌려줘 봐. 삶은 부드러움이 강함을 이기는 법이거든'이라고 속삭이는 듯하다.

그리고 나는 주위를 살펴본다. 내 감각에 들어오는 소소한 초록의 자연, 누군가 올려놓은 돌멩이들, 바람 속에 실려 오는 예쁜 새소리와 졸졸 흐르는 작은 물소리, 그리고 나뭇가지 사이로 바라본 푸른 하늘에 나도 모르게 미소를 짓게 된다. 이 순간만큼은 순진무구한 영혼을 찰나적으로 내가 지니게 되는 것이다.

둘레길에서 나는 스스로 낮아지는 법을, 마음을 다스리는 법을, 나와 너를 구별하지 않는 법을 조금씩 배워나가고 있다. 그리고 나에게 주어진 삶에 감사하는 마음을 말보다 진심 어린 미소로 전하고 싶다.

돌멩이의 그 미소가 내 가슴을 '톡톡' 건드리며 속삭인다.
너와 나 그리고 우리 이 지구상의 만물을 진실한 마음으로 사랑하며 살라고 한다.

걷고, 느끼며, 마음속에 쉼표를 그려본다

여러분! 미소 지어보세요

아날로그가 그리워지는 시대이다

너무나 빨리 변해가는 요즘 시대에 자신을 표현하지 못하는 것은 죄악이 되고 시대에 뒤쳐져 가는 것으로 간주되어 버린듯하다. 새로운 대화의 기술을 습득하지 못하면 그 시대를 대표하는 세대에서 고립되고, 자의적 혹은 타의적으로 외로운 섬이 되어버린다.

손 글씨보다는 자판을 통해 화면 속 글자로 나를 표현해야 하고 단 몇 초 만에 상대방에게 전달되는 편지를 보낸다. 너무 편하고 속도전에 걸맞은 시대로 변해버린 지금, 네모 상자를 통해 지구 저편에 있는 사람들과도 대화가 가능하고, 먼 나라의 물건도 주문하여 받을 수 있는 정말 가까운 이웃으로 살아간다. 그런데 '이렇게 가까워진 거리만큼 서로를

걷고, 느끼며, 마음속에 쉼표를 그려본다

이해하고 존중해 주는 것이 깊어졌을까?'하는 의문을 가져 본다. 나 역시 디지털이 주는 달콤함에 정신이 혼미해지는 삶을 살고 있다. 그 달콤함에 이빨이 썩어들어 가는 것을 알지만, 헤어 나지 못하는 지경에 도달한 것을 인지하고 있다.

그래서 요즘 '아날로그 치료'가 필요하다고 내 마음이 소리치고 있다. 친구를 만나고, 비슷한 취미와 생각을 가진 사람들과 소통하며, 좋은 책을 읽고 아름다운 음악을 들으면서 조금은 천천히 느긋하게 나 자신을 바라보고 또한 의미 있고 진솔한 삶을 걸어가고 싶은 소망을 가진다.

대화를 통해 상대의 사람 향기를 맡아서 좋고, 눈을 바라보며 감정선을 느낄 수 있어 좋다. 말하지 않아도 무언의 이해를 서로 공유할 수 있어 행복하다. 그리고 오래된 책을 펼칠 때 나는 종이 냄새가 지적 호기심을 자극하는 것이 삶의 활력이 되고, 연필이 종이 위를 서걱거리며 지나가는 것 또한 매력적이다. 또한 누군가에게 정성을 다해 만년필로 글을 적는 것도 황홀할 정도로 멋진 작업이다.

우리 이젠 마주 보며 대화하고, 이야기해야 할 시대라고 소리치고 싶다. 디지털로 인해 발생한 질환을 아날로그의 감성으로 치유할 시대가 왔다고 말하고 싶다.

우리 대화해 볼까요?

걷고, 느끼며, 마음속에 쉼표를 그려본다

서로 마주 보면 더 깊이 이해할 수 있지 않을까?

가족입니다

싱그러운 나무 그늘 아래 행복한 향기가 가득하다. 아빠와 엄마 그리고 두 사람의 가슴에 안겨진 아기가 너무 평온해 보인다. 가족의 다정함이 물씬 풍겨 나오는 듯하다. 어린 아이를 안고 푸른 하늘을 바라보는 부부는 신뢰와 믿음이라는 대바늘에 사랑이라는 실을 한 올 한 올 엮으며 평범함 속에 빛나는 가족을 만들어 가고 있음에 틀림없는 듯하다.

나 또한 저런 시절이 있었음을 어느 순간부터 잊고 살았다. 앞만 보고 달려오다 삶의 진실한 빛을 상실해 버린 것조차 인지하지 못했던 나의 어리석음에 눈을 감고 고개를 숙인다. 나도 사랑하는 이와 가정을 이루고 넓디넓은 삶의 캔버스에 점 하나 찍었을 때 가졌던 이쁘고 소담스러우며 행복했던 그 마음은 세월이라는 흐름 속에 퇴색되거나 잊고 살아온 것 같아 이 시점, 이 나이에 조금은 서글퍼진다.

하지만 깎이고 깎여서 둥글해진 그 마음은 결코 사라지지 않고 그 깎여진 부스러기들은 내 삶의 밑거름이 되었다. 그래서 가족이라는 밝은 등대가 서로를 보호하고, 이해하며 서로의 곁에 있어 주었기에 거대한 인생의 바다에서 좌초하거나 침몰하지 않고 바른길을 찾을 수 있었다고 말하고 싶다.

이제는 조금 쉬엄쉬엄 옆도 바라보고 아래와 위도 보면서 저 숲의 초록처럼 나 자신과 상대방을 편안함으로 감싸안고 싶다. 푸른 하늘과 싱그러움이 짙어진 나무들을 아이와 함께 바라보는 지금 이 순간은, 이 가족에게 소중한 추억으로 기억될 것이다. 달콤한 사랑의 향기가 푸르름에 깊이를 더해가는 가족, 잔잔한 산들바람처럼 서로를 위해주는 가족, 은은한 향기가 묻어나는 가족이 되길 희망한다.

이 가족은 자연의 축복 속에 행복이 가득합니다.

행복한 가족입니다

걷고, 느끼며, 마음속에 쉼표를 그려본다

강아지와 함께 산책 나왔어요

요즘 둘레길을 걷다 보면 애완견과 함께 산책하거나 운동하는 사람이 많다. '헥헥'거리며 혓바닥을 길쭉이 내밀고 주인 곁에서 작은 발로 열심히 따라가는 강아지들의 모습을 보면 미소가 절로 지어진다.

나에게도 어린 시절을 함께한 친구, '복실이'가 늘 곁에 있었다. 복실이는 나의 사랑이었고, 기쁨이었다. 어느 추운 겨울날 아버지가 코트 아래에서 꺼내어 나에게 준 복실이… 나랑 함께 자란 나의 복실이가 항상 그립다. 나이가 든 지금에도 그녀와 뛰어다니던 그 시절이 너무나 생생하게 기억난다. 그래서 '복실이'라는 글자는 내 머릿속에 각인되어 나와 항상 함께하고 있다.

나의 복실이는 흔히 말하듯이 시고르자브종[*]이었다. 그녀는 나에게 가장 다정한 존재였고 학교 갔다 오면 나를 제일 먼저 반겨주고, 핥아주고, 꼬리가 떨어질 정도로 흔들어 대고, 보디가드처럼 내 곁을 항상 지켜주었다.

지금도 문득 그녀가 떠오를 때면 눈물겹도록 그립다. 누군가 큰 바위 위에 강아지와 함께 산책하고 있는 모습을 만들어 놓은 듯한 광경이 내 눈에 들어온다.

아래에 있는 강아지가 "엄마… 조금만 기다려 줘요."라고 하니 엄마가 "천천히 올라와 여기서 기다릴게…", "아이고 예뻐라. 잘 올라온다… 장하다. 내 새끼." 절로 웃음이 나온다. 정말 장난스럽고 재미있는 한 장면을 보고 있는 듯하다.

그리고 돌아서는 순간, 그리움의 이슬이 스며 나와, 어느새 눈가에 맺히는 것을 느꼈다.

아! 복실아. 복실아…
예쁜 하늘의 별이 된 네가 정말 그립다. 보고 싶다.

---

[*] 몇 년 전 처음 이 말을 들었을 때 새로운 멋진 종들 중 한 종인 줄 알았다. 지금은 확실한 의미를 안다. 위트 있고 유머러스한 말이라고 여겨진다.

걷고, 느끼며, 마음속에 쉼표를 그려본다

강아지와 함께 산책 나온 모습

대화가 필요해요

학교 다닐 때 난 디지털 기기에 대해서는 대체적으로 빨리 적응하는 부류였다. 삼성에서 처음 나온 폴더폰도 출시되자마자 동서울터미널 전자상가에 가서 구입했던 기억이 난다.

1990년대 초부터 컴퓨터와 이런 디지털 기기가 세상을 바꿀 시동이 걸린 시대였다.

이제 누구나 스마트폰을 손에서 놓기가 어려울 것이다. 잠들기 전까지 스마트폰의 작은 창문이 세상의 전부인 양 그곳에서 눈을 떼지 못하는 시대가 되어버린 것이다.

폭풍이 몰아치듯 디지털 기술은 하루가 다르게 발전하였고 그것을 따라가기 위해서는 무던히 노력하고 그 흐름에서

걷고, 느끼며, 마음속에 쉼표를 그려본다

배제되지 않도록 정신을 차리고 있어야 했다.

이제는 지갑 속 현금이 불필요한 존재가 되었고, 집에서 컴퓨터나 태블릿, 스마트폰을 이용하여 거의 모든 것을 해결할 수 있으니 얼마나 편리한 세상이 되었는지 모르겠다.

하지만 아날로그에 익숙한 연세가 있으신 분들은 편한 생활임에도 불구하고 조금은 디지털에 익숙해지기 위해 노력해야 한다는 까다롭고 힘든 시대라는 것을 부인할 수 없다.

물론 잘 적응하시는 분들도 계시겠지만 나 또한 어떨 땐 금액이 찍힌 종이 통장이 더 좋고 눈으로 손으로 직접 확인할 수 있는 것이 마음 편할 때가 있다. 그리고 플라스틱 카드를 사용하다 보면 금액의 크기에 많이 둔감해지는 경우를 가끔 느끼곤 한다.

무엇보다도 톡이나, 대화 앱을 이용하다 보니 온몸에서 뿜어져 나오거나 담겨 있는 감정을 느끼기엔 역부족인 듯하다. 얇은 화면은 즉흥적인 느낌만 전달할 뿐이다. 그리고 우리는 문자나 톡을 많이 하면 서로를 더 생각하고 이해한다는 착각에 빠지게 된다.

"디지털 사이버 가스라이팅"에 우린 스스로 모르고 당하고 있는 것이다. 우리의 감정은 더욱 무디어지고 참고 인내하는 마음은 점점 고갈되어 가는 듯하다. '빨리빨리'가 아닌 '전광

석화'의 결과가 나와야 하고 답이 와야 하는 세상이 되어버린 것이다.

이해의 폭과 깊이는 서로를 느긋이 바라보는 것처럼 시간과 마음의 공간을 필요로 한다. 여기에 '대화'라는 맛깔난 양념을 솔솔 뿌리면, 서로에게 즐거움을 주는 먹음직스러운 요리가 된다. 누구든 풀 한 포기 자라지 못하는 불모지에서 살아가고 싶어 하지는 않을 것이다. 결국 대화가 상실된 곳은 '관계의 불모지'가 되는 셈이다. 네가 아닌 내가 먼저 다가가 대화의 손길을 건네 보자. 마주 보는 두 눈과 마주 잡은 두 손에서 아름다운 향기가 그윽하게 피어 날 것이다. 이제 대화하며 서로를 포용하자.

'나는 당신을 이해합니다'

서로 등 돌려 이해하지 못하는 것처럼 혼자만의 섬에 갇힌 우리들

매일 고독을 마음껏 느껴보자

나는 매일매일 고독하다.

시침과 분침이 지나가는 그 소리마다 나의 고독함이 흐른다.

천방지축 고삐 풀린 망아지 같았던 어릴 적 그때를 지금 생각하면 내 인생에 얼마나 행복하고 진솔하며 눈이 시릴 정도로 청명하고 맑은 시절이었는지를 가슴 깊이 느낀다. 그리워한들 돌아갈 수 없는 그 시점은 나를 더욱 고독하게 만든다. 만약 내가 고독하지 않았다면 그때의 가치를 알지 못했을 것이다.

나에게 있어 고독은 삶의 처절함이 아니고 삶을 유지시켜 주는 생각의 강이다. 나이가 들수록 고독을 즐길 줄 알아야 한다고 나는 생각한다. 통계학에 나오는 정규분포곡선처럼 태어날 때는 혼자 그리고 인생이라는 성장기에 들어갈수록 여러 사람들과 관계 속에서 지내고, 바쁜 일상으로 인해 자신을 돌아볼 여유조차 가지기 힘든 시절이 지나면 약간의 심적인 여유와 공간 속에 관계들이 정리되고 나중에는 역시 혼자가 되는 과정이 바로 삶의 곡선인 듯하다.

그 곡선의 마지막엔 고독이라는 친구가 기다리고 있는 것이다. 이 고독은 슬픈 것이 아니라 인간이기 때문에 느낄 수 있는 행복한 고독이라고 생각한다. 그런데 삶의 길에서 갑자기 고독과 마주하면 우리는 어려운 수학 문제를 본 것처럼 힘들게 생각하고 해답을 풀기 위해 노력해야 한다. 그러다가 해답을 찾지 못하면 포기 혹은 다시 앞으로 되돌아가서 노력하다 또 포기해 버리는 경우가 발생한다. 결국 좌절하며 깊은 감정의 수렁에 빠져들게 되는 것이다.

하지만 고독을 자주 접하거나 익숙해져 있다면 조금은 긍정적인 방향으로 길을 틀 수 있다고 생각한다. 누군가의 개입보다는 스스로 길을 쉽게 찾을 수 있기 때문이다. 독감 예방접종이 되어 있어 독감에 걸리더라도 신체에 큰 영향이 없게 지나가는 것과 같은 것이다.

스스로에게 고독이라는 면역주사를 놓는 것은 삶에서 반드시 거쳐야 할 과정이라고 여겨진다. 따라서 매일 고독과 마주하는 연습은 우리에게 필요한 정신적 단련과 같다고 할 수 있다.

고독이란 노을 속에 씁쓸한 외로움을 감내하는 용기

걷고, 느끼며, 마음속에 쉼표를 그려본다

고독의 정점을 드러내는 듯한 뒷모습
고독이라는 면역주사를 스스로 맞도록 합시다. 여러분!

사랑이란?

　나의 십 대 시절 사랑이란 그저 가슴속에서 콩닥거리는 복
숭앗빛 짝사랑이었다고 말하고 싶다. 나는 상상력이 너무 풍
부하고 감정이입이 저절로 되는 아주 민감한 사춘기 여학생
시절을 보냈다. 그래서 볼 빨간 사춘기 시절 나는 애처로운
사랑, 가슴 아픈 사랑, 말 못 하는 가슴앓이 사랑을 책을 통해
수없이 겪었다. 흔히 떨어지는 낙엽에도 눈물을 떨구는 시절
이었기에 책을 읽으면서 여주인공과 나는 동일인이었고 소설
책이든 만화책이든 그 속에 피어난 열렬한 사랑과 이루어질
수 없는 애절함에 눈물 흘리고 아파하기를 얼마나 했던가!

　〈캔디〉 만화를 보면서 테리우스를 가슴 깊이 사랑하게 되었다. 부잣집 도련님 이미지의 안소니보다 반항적인 그가 내 가슴을 울렁거리게 했다. 역시 나쁜 남자가 멋있다는 것을 증명이라도 하는 것처럼 테리우스의 얼굴, 몸짓 하나하나에 가슴이 쿵쾅쿵쾅거렸다. 만화 속 주인공인 그의 존재는 사춘기 소녀의 분홍빛 마음에 '사랑'이라는 단어를 아주 진한 붉은 색으로 타오르게 했다.

뜨. 겁. 게. ~~~!

그리고 〈베르사유의 장미〉를 보면서 남장 여자인 오스칼이 너무 멋있었고, 신분을 뛰어넘는 앙드레와의 절절한 사랑이 가슴을 휘어잡았다. 역사도 정사보다 야사가 재미나듯 프랑스혁명을 배경으로 한 그 사랑이 난 너무 애달프고 좋았다. 그리고 오스칼이 여자로서 깊이 사랑했던 페르젠 백작에게 고백하기 위해 의장대 옷을 벗어 던지고 드레스를 입는 그 용기도 나에겐 가슴 스며드는 절절한 사랑으로 느껴졌다.

내가 중학생이었던 시절엔 문고판 사랑 이야기책이 유행했고, 학교 선생님들에게 들키면 압수당하거나 혼이 나곤 했다. 하지만 난 맨 뒤에 앉아서 교과서 안에 그 책을 놓고 수업과는 동떨어진 세계에서 지낸 적이 종종 있었다는 것을 고백하고 싶다. 책을 중간에 덮을 수가 없었다. 주인공 남녀의 이야기가 사랑과 이별로 어떻게 끝나는지, 가슴 저미는 그

줄거리를 차마 어떻게 덮을 수 있단 말인가! 다행히 한 번도 선생님께 걸리지는 않았으나 외줄 타는 짜릿한 기분과 가슴 콩닥거리는 주인공들의 사랑 이야기에 난 참으로 멋진 시간을 보내고 있었던 시절이었다.

상상 속 사랑에 울고, 사랑에 절망하며, 사랑에 환희를 느끼며 가슴이 불그레 물들어 가던 그때가 참 그립다. 내 마음속 한편에는 아직도 그때 느꼈던 감정들이 지지 않는 꽃처럼 화사하게 만개하고 있다는 것을 쑥스럽지만 인정하고 싶다.

진심으로 당신을 사랑합니다

숲은 하나의 유기체이다

무엇인가 비워지고 모자라면 다른 곳에서 채워주고 빌려주는 상호 보상의 관계 속에 숲은 살아가게 된다. 숲은 항상성(Homeostasis)을 유지하면서 들어오는 것과 나가는 것의 균형을 맞추고 다양한 생명체들이 거시적이면서도 미시적으로 살아가는 세계이다.

봄에서 여름으로, 가을로 그리고 겨울로 가는 길목마다 그 시기를 알려주는 징표들이 조용히 나타난다. 만약 이러한 징표들이 나타나지 않는다면 우리의 숲과 자연에는 문제가 발생하고 있다는 증거일 것이다.

봄에는 어린 연한 잎들이 나뭇가지마다 달리고 풋풋한 싱

걷고, 느끼며, 마음속에 쉼표를 그려본다

그리움을 더해간다. 봄꽃들도 여기저기서 피어나고 여름이 다가오면 녹색이 더욱 진해져 온 숲이 풍성해진다.

여름꽃들도 자신들이 피는 시기에 따라 피고 열매를 맺는다. 가을이 되면 숲은 더욱 풍성해지고, 숲에 기거하는 동물들에게는 한겨울을 나기 위한 다양한 음식을 축적하거나 맛볼 기회가 가득하게 된다.

낙엽들도 숲의 바닥에 쌓여 또 다른 역할을 하며 숲을 비옥하게 하는 데 한몫을 한다. 겨울이 되면 수목들은 휴면기에 들어간다. 앙상한 가지가 찬 바람에 흔들릴 때마다 숲이 잠을 자며 뒤척이는 듯하다. 그리고 다시 봄이 다가오면 숲은 깨어나고 뿌리에서부터 가지 끝까지 세찬 에너지를 전달한다. 동면에서 깨어나듯 숲은 기지개를 켠다.

이런 순환은 시간의 연속성처럼 늘 한결같이 반복된다. 그런데 인간의 입장에서 '좋은 의도' 혹은 '무심한 생각'으로 자연에 '개입'한다는 것은 일정한 흐름에 돌멩이를 던져 파문을 일으키는 것과 같다. 작은 파문은 극복될 것이고, 숲과 자연이 감당할 수 없는 큰 파문은 되돌릴 수 없는 치명적인 결과를 낳게 할 것이다. 그것은 우리가 회복할 수 없는 일들이 일어나는 단초를 제공함에 틀림이 없다.

나 또한 둘레길의 수혜자 중 한 사람이다. 하지만 둘레길 덱(Deck)은 자연 친화적인 것보다는 인간에게 유용하거나 편리성에 초점을 맞추고 있다. 여기서 우리가 고려해야 할 것은 숲과 자연을 1순위로 생각해야 한다는 것이다. 숲속에서 걷는다는 것은 그 숲에서 살아가는 다양한 생명체들에게 피해를 최소화하면서 잠시 다녀오는 것이다. 아무런 비용도 지불하지 않고 숲이 가진 귀중한 가치를 빌려 쓰는 우리는 감사한 마음으로 있는 그대로를 즐기고 돌려주어야 하는 의무가 있다.

'어쩌면 언젠가는 둘레길에도 휴식이 필요한 날이 오지 않을까?'하는 생각이 불현듯 든다.

걷고, 느끼며, 마음속에 쉼표를 그려본다

조용한 에너지 흐름, 휴면하는 겨울 숲

더욱 진해지는 생명의 초록

걷고, 느끼며, 마음속에 쉼표를 그려본다

형형색색으로 물든 숲의 단풍 잔치

초록용, 하늘 날자!

청룡의 해, 둘레길에서 우연히 만난 용…

처음 보자마자 '풋'하고 웃음이 터져 나온다. 여의주까지 물고 있는 모습이다.

몇 년을 항상 지나쳤지만 신기하게도 한 번도 눈에 들어오지 않았다. 늘 지나다니는 길 바로 옆인데도 말이다. 정말 자신의 눈에 들어오는 것만 믿는 세상에 살고 있어서 그런지 나를 내려놓고 덕지덕지 붙어 있는 잡념의 조각들을 털어내려고 간 길에서 '난 머리로만 내려놓고 있었던 것이 아닐까?' 하는 생각이 든다.

땅속에서 머리만 내민 용의 해학적인 모습과 누군가 돌멩이를 이용해 여의주를 표현하려고 한 의도를 알아차릴 수 있다.

걷고, 느끼며, 마음속에 쉼표를 그려본다

그 순간, 나는 생각했다. '맞아⋯ 예술을 하는 데 자격증은 필요 없지. 하지만 자신이 하는 행위에 대한 확신과 긴 여정 속에 인내와 용기를 가질 필요는 있겠지. 예술 영역은 한정되지 않고, 한정될 수도 없으며, 그 의미는 어렵지 않게 무한하게 상상할 수 있도록 그 문을 열어주어야 하겠지'

그곳을 지나칠 때마다 마음속으로 용에게 내 마음을 전달한다. 진심으로⋯

'흙 속의 용! 조금만 힘내⋯ 너는 할 수 있어⋯ 저기 푸른 하늘이 보이지⋯ 흙에서 나와 멋있게 날아봐! 하늘은 너를 기다리고 있어'

'하늘은 너의 것이야. 그 캔버스에 마음껏 너의 마음을 그려봐!'

여의주를 문 초록용이여, 비상하라!

걷고, 느끼며, 마음속에 쉼표를 그려본다

Industria
— 탐험하고 싶은 곳

여름의 끝자락 어느 날, 둘레길 초입에 들어선다. 며칠 전 비가 와서 불암산 계곡마다 물이 흘러넘친다. 나는 비가 올 때 창 너머로 보이는 산을 보면 가슴에서 울렁이는 원시적인 뭔가를 항상 느낀다. 가슴은 말한다.

'그냥 나가서 비를 흠뻑 맞으며 산길을 걸어봐. 너를 감고 있는 그 수많은 끈들을 빗물로 녹여버려… 자유로워져'

그리고 눈이 올 때도 똑같이 마음 깊은 곳에서 일렁이는 그 감정들을 느낀다. 다만 난 정신 나간 여인처럼 우산도 없이 비를 맞을 자신감도, 흩날리는 눈을 맞으며 두 팔 벌려 하늘

향해 소리칠 수 있는 용기도 없는 너무나 소극적인 사람이어
서 항상 그 순간순간은 슬프다. 그래서 나를 위로하고자 비
온 뒤, 눈이 내린 뒤, 나는 말없이 둘레길을 걷는다.

둘레길 초입에 들어서 고개를 들어 하늘을 보니 석양을 배
경으로 멀리 아파트가 보인다. 그런데 갑자기 나는 숲속에
사는 자연인처럼 느껴지고 멀리 보이는 아파트는 산업에 물
든 기계에 부속된 도시-〈미래소년 코난〉이라는 만화에 나오
는 'Industria'처럼 느껴진다. 다가가기엔 멀리 있는 듯 여겨
지지만 뭔가 비밀스러운 것을 간직하고 있는 장소처럼 탐험
을 해보고 싶다는 느낌을 받는다.

아마도 코난이 곁에서 "우리 함께 가보자." 했다면 두말하
지 않고 따라나섰을 것이다.

무한한 호기심으로 다가갔을 것이다.

비 온 후 습기가 산속을 가득 채운 곳에서 본 'Industria'

Illustrated by Sunnie Moon

걷고, 느끼며, 마음속에 쉼표를 그려본다

초록빛 자연 속에 나를 누인다.
엄마의 품처럼 자연은 나를 포근히 감싸안는다.

Part II

숲의 속삭임,
비로소 너를 알게 되었다

윤회의 계절 봄

모든 것이 태어나는 봄, 그 태어남은 어디서부터 시작된 것일까 하는 의문이 들 때가 많다.

봄은 아름답다. 메말랐던 가지마다 푸르른 싹이 나고 그 싹이 잎이 되고, 한겨울을 지난 꽃눈들은 소중하게 지켜온 어여쁜 색을 우리 눈 가득히 담게 해준다.

식물 그림을 그리기 전에는 자연의 순환을 지켜보는 즐거움이 얼마나 큰지, 그들만의 템포를 가지고 리듬을 타듯이 계절이 다가오고 지나는 것을 바라보고, 그 음율을 가슴과 눈으로 느끼며 인식하는 것이 큰 행복임을 미처 알지 못했다고 고백하고 싶다.

이른 봄, 중간 봄, 늦봄마다 피어나는 아름다운 꽃들을 살

피는 즐거움을 모두가 가져보길 희망해 본다. 얼마나 이쁜지, 얼마나 앙증맞은지, 저 예쁜 꽃들은 어디에 숨어 있다가 봄이라는 계절이 시작되면 아무 소리 없이 '퐁' 하고 피어나는지, 색은 얼마나 고운지…

아파트 현관을 나서 주위를 돌아보면 목련나무에서 우아한 목련꽃들이 흐드러지게 피어나 있고 그 옆에는 살구꽃이 곱게 피고 있다. '화단에는 무엇이 있나?' 하고 살펴보면 개복수초도 있고, 현호색도 있다. 아마도 누군가 심어놓았던 것 같다. 둘레길에 들어서서 조금 걸어가면 매화가 봄소식을 제일 먼저 알린다. 그리고 산등성이에 진달래가 연분홍 수줍은 뺨을 드러내고 있고 개나리가 샛노란 치마를 입은 것처럼 가득가득 피어나 있다. 여기저기에 산수유꽃도 보이고 생강나무꽃도 소담스럽게 가지마다 달려 있다. 사랑스럽다.

조금 더 있으면 철쭉과 산철쭉도 이쁘게 자태를 드러내기 시작할 것이고, 개복숭아 나무에 연분홍색 꽃들이 바람에 날릴 때 벚나무도 그 향연에 참여할 것이다. 산벚꽃, 왕벚꽃, 그리고 조금 더 있으면 겹벚꽃이 풍경을 은은한 분홍빛으로 물들일 것이다. 화단에는 꽃마리, 별꽃, 제비꽃, 종지나물, 냉이꽃들이 소담스레 피어난다. 그리고 박태기나무의 화려

한 진분홍 꽃과 하얗고 조그만 흰 꽃이 소복소복 가득한 조
팝나무가 푸른 봄 하늘에 살랑거리면 가슴이 스르르 녹아버
린다.

박태기나무꽃

매화꽃

진달래꽃

돌복숭아꽃

벚꽃

걷고, 느끼며, 마음속에 쉼표를 그려본다

생강나무꽃

제비꽃

철쭉

개나리

봄맞이꽃

꽃마리

아까시나무꽃 향기에 취해

어느덧 아까시나무꽃이 온 가지에 웅성웅성 피어나 그 향기로 공기를 가득 채운다.

눈을 감고 상상해 보자.

어두운 밤, 하늘에 떠 있는 조각달, 살랑거리는 봄바람, 코끝에 와 닿은 아까시나무꽃 향기… 진하지도 연하지도 않은 딱 적당한 농도의 꽃내음… 흉곽을 열어 깊숙이 흡입해 보자. 자연의 향기를 담아보자.

나는 며칠 전 어느 봄밤, 그 향기에 취해 황홀했다. 코끝을 간지럽히는 그 향기 분자들이 콧속을 통해 들어오자마자 특

급열차처럼 나의 말초신경까지 전달되었다. 그리고 즉흥적
으로 시조 같은 시가 머리에서 흘러나왔다.

막사[*] 두 사발에 마음의 짐을 내려놓네
밤바람에 실려 온 비단결 같은 꽃향기는
저 차가운 달빛 아래 내 마음마저 녹이는구나

　깜깜한 밤하늘 아래 꽃향기에 취해 두보와 술 한잔 나누며
술잔 속 달을 지그시 바라보다. 두보의 마음속에 담긴 달에
눈길을 돌려보는 듯한 어느 날의 멋진 밤이었다.

*　막걸리와 사이다를 섞은 줄임말 표현.

아까시나무꽃

걷고, 느끼며, 마음속에 쉼표를 그려본다

호기심 자아내는
흰 꽃들이 만발한 늦봄

흔히들 봄을 계절의 시작이라 여긴다. 하지만 그 시작은 일반적으로 공유된 생각일 뿐이라고 생각한다. 내게 진정한 계절의 시작은 겨울이다. 잎이 떨어져 앙상한 나무들과 갈색으로 메말라 버린 초록들은 진정으로 자신의 본모습을 내보인다. 이제 채워질 가능성만 가진 그 상태가 나에겐 새로운 시작의 희망을 싹 틔워준다.

이 아름다운 늦봄에 나는 차디찬 겨울을 그리워한다. 하지만 늦봄의 아름다운 기세에 도저히 대항할 수가 없다. 이른 봄의 꽃들은 노란색, 분홍색 등으로 무채색의 겨울을 바라보던 나의 시신경을 새롭게 깨워준다. 앙증스럽고 하늘거리는 꽃잎들이 아가의 살갗처럼 보드랍고 여리다.

시간이 흘러 늦봄에서 초여름으로 접어들면 흰색 꽃들이 사방에 만발한다. 야광나무꽃, 아그배나무꽃, 고광나무꽃, 아까시나무꽃, 때죽나무꽃, 이팝나무꽃, 산딸나무꽃, 쪽동백나무꽃, 귀룽나무꽃, 찔레꽃 등 대부분 꽃이 흰색이다.

문득 흰 꽃이 주를 이루는 이유가 궁금해진다. 식물 세밀화를 그리며 나이와 무관하게 호기심이 더욱 강해지는 것은, 시시각각 자연이 선사하는 변화에 대한 지적 흥분 때문일 것이다. 인터넷을 통해 그 이유를 탐색하는 과정에서 몇 가지 흥미로운 정보를 얻게 되었다.

한반도 자생 수목의 약 80% 이상이 초여름에 꽃을 피우는데, 요즘은 이상기온 현상에 따른 온난화 때문에 늦봄에 이른 개화를 하는 꽃이 많다고 한다. 초여름 개화하는 전체 수목 중 흰 꽃을 피우는 자생 수목은 50% 이상을 차지할 정도로 풍부하고, 특히 이 중 절반 정도가 관목성이어서 사람들 눈에 잘 띈다고 한다. 그리고 꽃이 흰색으로 보이는 이유를 간략히 설명하면 다음과 같다. 꽃의 색상을 결정하는 것은 그 식물이 지닌 색소가 흡수한 빛이 아니라, 색소가 흡수하지 못한 빛이라고 한다. 결국 반사된 빛이 꽃의 색깔을 결정하는 것이다. 실제로 흰 꽃들은 꽃잎에 색소가 없어서 빛을 흡수하지 못하므로 들어오는 가시광선을 모두 반사한다고 한다. 그리고 우리의 눈은 적색, 녹색, 청색 세 가지 광수용체를 가지고 있기 때문에 흰 꽃에서 반사되는 가시광선이 우리 눈의 광수용체를 똑같은 비율로 자극하므로 흰색으로 보인다는 것이다.

그런데 독특한 점은 곤충은 인간과 다르게 명도를 구별할 수 없어 흰 꽃을 알아차리기 어렵다고 한다. 하지만 곤충이 흰 꽃에 찾아오는 이유는 곤충에게 확실한 보상(Reward)을 해주기 때문이라고 한다. 여기서 보상이라 함은 곤충의 눈에는 흰 꽃으로 보이지 않지만, 이곳에 오면 많은 꿀과 후각을 자극하는 향기, 그리고 풍부한 꽃가루를 얻을 수 있다는 것을 오랜 시간 반복한 학습의 결과라고 한다.

무엇보다도 이 학습된 결과를 통해 세대와 세대를 연결해주는 막중한 역할인 꽃가루받이(수분, Pollination)가 이루어져 다음 세대가 탄생하게 되는 것이다.

식물은 뇌와 같은 기관을 대체 어디에 숨겨두었을까?
자신의 생존과 DNA를 퍼뜨리기 위한 수단으로 보상(Reward)

이라는 선물의 필요성을 식물은 어떻게 알고 있었을까?

식물의 오랜 진화 과정에서 축적된 다양한 정보의 위력은 어디까지일까?

꼬리에 꼬리를 무는 의문 속에서 그저 자연과 식물이 가지는 신비로움에 감탄할 뿐이다.

생각하는 식물에 대해 더 알고 싶다.

나의 호기심은 지속적이다.

조팝나무꽃

귀룽나무꽃

찔레꽃

때죽나무꽃

쪽동백나무꽃

걷고, 느끼며, 마음속에 쉼표를 그려본다

한여름,
화려한 꽃들의 향연

해가 갈수록 점점 더 무더워지는 여름을 마주하게 된다. 아열대 기후로 변해 가는 것이 사실인 듯 요즘 특히 비가 온 뒤 여름의 둘레길은 봄에 비해 다양한 색으로 피어나는 식물들을 관찰할 수 있다. 둘레길 초입에 들어서면 닭의장풀꽃이 여기저기 신비로운 푸른빛을 발산하고 있다.

풀숲 바위틈이나 관목 아래에서 아침마다 어여쁜 색깔의 꽃을 피워낸다. 그러다가 해가 중천에 떠오르고 오후에 넘어가면 연약한 그 꽃들은 사그라진다. 그 이후 열매가 맺힌 것을 발견할 수 있다. '덧없음'이라는 꽃말을 가진 닭의장풀꽃은 순간적인 자연의 아름다움을 보여주는 듯하다. 내일 아침이면 또 새로운 생명을 가진 닭의장풀꽃이 고개를 내밀고 있을 것이다. 아주 짧게 주어진 시간 속에 자신의 사명을 다하고 소리 없이 지는 꽃을 보면 너무나 소란스러운 인간 세상이 참으로 안타깝게 여겨진다.

태양의 에너지를 응축한 듯 뜨거운 여름 햇살은 비 온 뒤 숲의 습기를 한층 더 끌어올린다. 토양이 머금고 있는 수분이 증발하면서 숲속 땅 냄새를 공중으로 가지고 온다. 낙엽이 썩어 들어가서 만들어진 부엽토 냄새를 맡게 된다. 그리 싫지 않은 이 냄새는 숲이 살아 있다는 증거다.

한참을 걷다 눈길 닿는 곳에 칡이 소나무를 감아 휘돌아 올라가고 있고 넓적한 잎사귀 사이에서 보이는 예쁜 칡꽃이 걸음을 멈추게 한다. 꽃이 콩 꽃처럼 보여서 신기하다 했는데 콩과의 덩굴식물이라는 것을 알게 되었다. 사실 덩굴식물을 그리는 것을 참 좋아한다. 왜냐하면 일반 식물에서 느낄 수 없는 다양한 리듬감과 운동감을 종이 위에 표현하고 채색하는 작업이 즐겁기 때문이다.

그러나 칡과 같은 덩굴식물은 숲속의 다른 나무를 감고 올라가는데, 그 힘이 대단해서 나무 표면을 변형시키고 종국에는 나무를 고사시키기도 한다. 무엇인가를 의지해서 잡고 커 나가야만 하는 덩굴식물의 특성은 어쩔 수 없는 자연의 이

걷고, 느끼며, 마음속에 쉼표를 그려본다

치이지만. 이 점이 상대편에게 극심한 스트레스를 줄 수 있다는 사실에 마음이 편하지 않다. 그러나 이런 고민도 잠시, 칡꽃의 아름다운 색깔에 매료되어 모든 시름을 잊는다.

진한 주홍색이 매력적인 둥근잎유홍초, 보라색 화관을 쓴 듯한 엉겅퀴꽃, 다양한 싸리꽃, 알알이 보석 같은 산딸기, 멋진 자리공 열매가 숲속 언저리를 가득 채우고 있다. 그러다 우연히 마주친 며느리배꼽 열매에 눈길이 꽂혔다. 이것 역시 덩굴성 한해살이풀이다. 사실 국명을 보고 그 식물의 특징을 알 수 있으면 좋을 텐데, 도저히 감이 오질 않았다. 하지만 일반 영명은 'Asiatic tearthumb'라고 하는 데서 '아하… 무슨 가시가 있나 보다'라고 추측하게 된다. 정말로 줄기를 보면 가시가 역방향으로 나 있고, 잘못 잡으면 손가락이 찔려서 잠시 고통 속에 있어야 한다. 지금까지 열매는 자주 보았으나 며느리배꼽의 꽃을 확실하게 관찰해 보지 못했다. 이점이 참 아쉽다.

그리고 어느 여름날 우연히 만난 노루발(*Pyrola japonica Klenze ex Alef.*)은 무더위 속에 목마름을 해결해 주는 시원한 물 한 모금과 같이 나에게 아름다움을 감상하게 하는 조금의 여유를 안겨주었다.

산딸기

누리장나무

노루발

미국자리공

걷고, 느끼며, 마음속에 쉼표를 그려본다

둥근잎유홍초

며느리배꼽 열매

닭의장풀

칡꽃

걷고, 느끼며, 마음속에 쉼표를 그려본다

비 온 뒤
여름 길목에서 만난 버섯들

후덥지근한 날씨가 계속되는 여름, 비가 한줄기 쏟아지고 난 뒤 화창하게 열리는 하늘은 더없이 푸르다. 물론 공기 중에 수분의 양은 많지만 반대로 끈적임이 줄어들 때가 있다. 바로 이때 둘레길로 향해야 한다. 조금은 신선한 공기 속에서 한 걸음씩 내디디며 새로운 생명체들의 탄생을 바라보러 가는 것이다. 낙엽이 쌓여 축축해진 숲의 바닥에서 혹은 썩은 나무에서 이름 모를 보석들이 '나 여기 있지요!' 하며 손을 흔든다.

식용 가능 여부에는 관심이 없다. 물론 만지지도 않고 그냥 눈으로, 핸드폰 카메라로 연신 사진을 찍게 된다. 정말 다양한 색상이 나의 눈을 자극하고 '그리고 싶다'는 욕구를 불러일으킨다. 눈에 보이지 않는 버섯들의 포자 혹은 잠자고 있던 균사들이 어떤 환경적 조건이 갖추어지면 Right time, Right place에서 활발하게 활동을 하는 것이다. 후손을 남기기 위해, 더욱 번창하기 위해 용기 있게 그 모습을 보여주는 것이다.

앙증맞은 오렌지색 작은 버섯, 복숭아색을 닮은 버섯, 송이 모습과 비슷한 버섯, 노란색의 달걀 같은 버섯, 운 좋게도 만난 망태버섯 등 이름 모를 버섯이 가득하다. 또다시 아름다운 버섯들을 만나기 위해서는 내년을 기약하며 긴 기다림의 터널로 들어가야겠지!

* 둘레길에서 관찰된 버섯들은 버섯 도감에서 찾아본 것으로 정확한 것은 이름을 명기하였으나 그렇지 못한 것은 그 버섯이 속한 과(Family)로 표현하였음.
* 《버섯 생태 도감》(지오북, 2012) 및 국립수목원 국가생물종지식정보시스템을 참고함.

걷고, 느끼며, 마음속에 쉼표를 그려본다

패랭이버섯(노란이끼버섯) 이끼버섯속

무당버섯(무당버섯과)

졸각버섯과

광대버섯과

그물버섯과

노란다발(독청버섯과)

구름버섯(구름장이버섯과)

불로초과

그물버섯과

톱니겨우살이버섯(소나무비늘버섯과)

푸른끈적버섯(끈적버섯과)

진갈색주름버섯(주름버섯과)

노랑망태버섯(말뚝버섯과)

큰우산광대버섯(광대버섯과)

걷고, 느끼며, 마음속에 쉼표를 그려본다

환상 속의 그대

'인간이 참아낼 수 있는 습도는 어느 정도일까?'라고 생각하게 하는 날씨다. 엄청 무덥고 지치는 습도 속에 영혼마저 녹아내리는 듯하다. 하지만 숲으로 가자는 마음의 요청에 둘레길에 들어선다.

둘레길의 모든 곳은 짙푸른 초록으로 가득하고 공기 속에 수분 알갱이들이 둥둥 떠다니는 느낌이다. 그리고 축축한 숲 바닥에서 다양한 냄새가 후각을 자극한다. 땀이 계속 흘러 자꾸만 안경이 콧등에서 아래로 미끄러져 내려오는데 그 찰나 나의 눈에 무엇인가 '훅' 하고 들어왔다.

이끼로 뒤덮여 있는 큰 나무 표면에 아주 작은 버섯들이 무성히 자라고 있는 모습이 너무 환상적이다.

'숲속의 정령들이 숨바꼭질하는 장소인가?' 너무 아름답다.

그 모습을 세심히 담고 싶었지만 내 손에 아이폰만 덩그러니… 하지만 요정이 숨어 있다 갑자기 나타날 것만 같은 환상 속에 빠져들게 된다.

지브리의 어느 애니메이션에 나오는 장면처럼, 아주 자그마한 예쁜 숲속의 요정들이 버섯 머리 부분을 '통통' 하며 뛰어다니고, 서로 재미난 이야기를 속삭이며 '깔깔' 웃는 소리가 들리는 듯하다. 한참 동안 이리저리 사진을 찍으면서 더위도 잊은 채 자연이 만든 아름다움에 흠뻑 도취되어 시간 가는 줄 몰랐다.

그리고 나에게 남은 것은 산 모기떼에 물려 빨갛게 부어오른 자국과 인내하기 어려운 가려움이었다.

애주름버섯과

풍요로운 가을날,
누렁 호박 하나가 달랑 매달려 있네

과학적 식물 그림을 그리기 전 어떤 의식처럼, 그 대상의 서식지(Habitat)에 대한 정보를 수집하고 식물을 과학적으로 분류, 분해하여 특징을 분석한다. 또한 식물이 지닌 감성적인 부분까지 고려하여 식물의 이야기를 세밀하게 종이 위에 완성한다. 흔히 "가까이 보면 더 아름답다."라는 말을 하듯이 가까이 관찰할수록 그 식물을 더욱 잘 이해하게 되고 서로 교감하게 된다는 것을 알게 되었다.

사람 사이의 관계라는 것도 멀리서 바라보면 자신의 생각이라는 보자기를 뒤집어쓰고 상대방을 판단할 수밖에 없다. 가까이 다가서서 이해하고자 노력하는 가운데 알지 못한 상대방의 이야기를 알게 되고, 숨어 있는 본인의 배려심을 느끼

걷고, 느끼며, 마음속에 쉼표를 그려본다

게 된다. 그렇기에 오해가 이해로 전환될 수 있다고 믿는다.

어느 작가가 멋지게 그린 호박꽃 그림을 보고, 호박꽃이 발산하는 온화하고 화사한 오렌지빛 노란색의 아름다움에 매료되었다. 암꽃의 암술과 수꽃의 수술은 각각의 역할에 충실하며, 꽃가루를 옮기는 매개체의 활동 덕분에 수정되어 호박이 열린다. 시간이 흐르면서 누렇게 익어가는 호박은 가을의 풍요로움을 시각적으로 풍성하게 채워준다. 또한, 알 수 없는 만족감이 가슴 가득 차오를 때는 가을의 푸르고 높은 하늘처럼 행복의 호사를 누리게 된다.

자연에서 우리가 눈으로 인지하는 세계는 극히 일부분에 불과하며, 눈으로 확인할 수 없는 수많은 기작(Mechanism)들이 자연을 유지하고 다양성을 증대시키며 올바른 방향으로 이끌어간다는 사실을 깨달은 것은 내 삶의 방향에 큰 영향을 주었다. 주어진 삶의 몫을 아름답게 가꾸고, 너와 나를 분별 없이 대하며, 이 복잡한 세상 속에서 스스로를 고요하고 평온하게 유지하는 법을 조금이나마 터득하게 된 것은 자연으로부터 받은 큰 선물이라고 여겨진다.

호박 암꽃

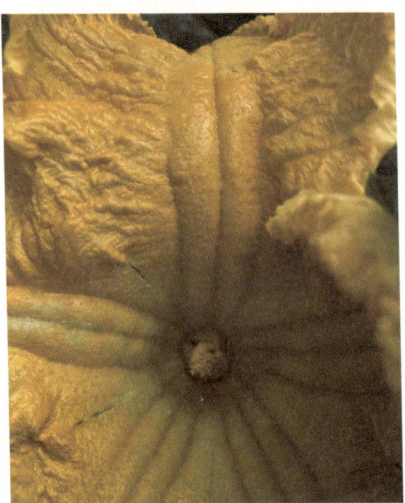

호박 수꽃

걷고, 느끼며, 마음속에 쉼표를 그려본다

누렁 호박이 달랑달랑 달려 있는 모습

가을하늘 높고
홍시가 먹고 싶네

    청명한 가을 하늘을 바라보면, 눈을 감고 아련한 어린 시절로 돌아가고픈 순간이 찾아온다. 영화 테이프처럼 되감기 된다면, 시간을 뛰어넘는 것이 가능하다면, 그때로 돌아가 순수했던 시절을 다시 느껴보고 싶다.

    지금보다 더 많이 웃고, 옆집 숟가락이 몇 개인지 알 정도로 서로 친근한 이웃사촌이었으며 끈끈한 정이 너와 나를 하나로 만들어 주던 소박하지만 따뜻한 시절이었다. 불과 사오십 년 전의 일이다. 그때는 지금처럼 컴퓨터가 일상생활을 지배하고 스마트폰에 의존하는 인간들의 뇌가 퇴화하는 기로에 서 있다는 것을 아무도 예측할 수 없었을 것이다.

    내가 살던 마을은 낙동강 하구 언저리에 열 가구 남짓 모여 사는 마을이었고, 공동 수돗가에서 물을 길어 사용했다. 우리 집에는 술도가에서 사용하는 아주 큰 항아리가 있었다. 어린 내게는 그 크기가 꽤나 위압적이었다. 아마 지금 보면 좀 달라지겠지만…

엄마는 매일 물을 길어 그 항아리에 가득 채웠다. 그리고 중간 정도 크기의 파란색 플라스틱 물동이가 있어 그곳에도 항상 물이 가득했다.

봄이면 수돗가에는 아줌마들과 아이들의 웃음소리가 끊이지 않았다. 특히 살구나무가 수돗가를 품듯이 있어 바람 살랑이는 봄이면 살구나무꽃이 눈처럼 내렸다. 그리고 살구나무 옆자리 감나무에는 가을이면 주홍색의 맛난 감이 주렁주렁 해마다 많이 달렸던 것이 아직도 생생하게 기억난다.

나는 감나무가 더 좋았다. 왜냐하면 그 감이 홍시가 되어 달랑거릴 때 따 먹는 즐거움은 표현이 불가한 행복이었기 때문이다. 살구도 맛났지만 나에겐 늦가을 찬 공기 속에서 '쪽' 하고 입속으로 빨아들인 그 홍시의 맛은 천상의 맛이었다. 약간 설익은 감을 따서 짚을 깔고 항아리에 켜켜이 엄마가 놓아두면 겨울에 하나씩 몰래 꺼내 먹던 그 긴장감 속의 맛은 희열이었다. 그래서 홍시의 단맛은 어린 시절 추억과 함께 나의 뇌리에 1순위로 기록되어 있는 아련하면서도 가장 달콤한 맛일 것이다.

감은 나의 기억을 불러일으키는 열쇠와 같다.
감은 나의 입안에 맴도는 추억의 맛이다.

맛난 홍시가 되어 가는 감

걷고, 느끼며, 마음속에 쉼표를 그려본다

늦가을의 감나무

이 모자 주인은 누구일까요?

가을이 깊어가면 정말 둘레길을 걷는 맛이 난다.

여기저기 나무 위에서 무엇인가 '툭툭' 떨어지는 소리를 듣게 된다. 특히 바람이 훅하고 지나가면 동시에 '후드득'하고 사방에서 소리가 들린다.

괜스레 머리에 맞을까 몸을 움츠리기도 한다. 그러다 발끝에 도르르 굴러온 귀여운 도토리를 보면서 생각한다. 애써 '절대로 줍지 말자'라고 다시 다짐해 본다. 왜냐하면 숲속 친구들의 겨울 식량을 쉽게 가져가지 말자고 스스로 언젠가 약속했기 때문이다. 하지만 내 머릿속에서는 천사와 악마가 다투다가 결국 한쪽의 승리로 대부분 결론이 난다. 악마가 이

긴다.

　너무나 가벼이 무너져 내린 나 자신을 생각할 틈도 없이 앙증맞은 도토리 몇 개와 그 각두(Cupule)*를 주워서 주머니에 담아본다. 혹시나 누가 봤을까 두근거리는 마음을 진정시키고 슬쩍 아무 일 없는 것처럼 손을 털고 다시 발걸음을 재촉한다.

　그런데 이 아름다운 가을에는 발끝마다 도토리 지뢰폭탄이 있어 한 걸음 한 걸음 발걸음을 옮기기가 매우 어렵다. 또한 '주울까? 말까?'하는 내면적 갈등과 씨름하다 보면 1시간 거리의 둘레길은 2시간이 되고 나의 주머니는 조금씩 무거워져 결국 둘레길 마지막에 다다라서는 큰 후회와 함께 주운 도토리 중 가장 마음에 드는 몇 개만 남기고 숲속 멀리 하나씩 던져버린다. '청설모야, 다람쥐야, 멧돼지야, 다른 숲속의 친구들아… 다가오는 겨울 굶지 말고 잘 보내야 한다'라고 마음속으로 소리친다.

　이때부터 나의 고민은 더욱 깊어진다.

　도토리가 각두(Cupule)에 싸여 떨어진 경우에는 문제가 되

---

*　여러 개의 총포조각이 서로 붙은 채로 딱딱하게 변한 것

지 않는다. 그렇지 않을 경우 각두와 도토리의 짝을 잘 찾아야 하는데 정말로 헷갈리는 경우들이 많다. 하지만 나름 내 머릿속엔 약간의 분별 지도가 그려져 있다. 상수리와 굴참나무는 도토리나 각두의 모양은 비슷하다. 하지만 굴참나무는 남성적이다. 나무도 그렇고 각두도 그렇다. 상수리나무는 굴참나무와 달리 여성스러운 느낌을 준다. 그래서 각두 모양은 비슷한데 굴참은 '나는 힘센 남자요'라고 말하듯 각두에 나 있는 돌기들이 상대적으로 두껍고 거칠게 펼쳐져 있다. 상수리나무의 각두는 굴참나무의 것보다 좀 가늘고 손이 닿으면 쉽게 잘 부러진다. '난 여자예요. 좀 가녀린…'이라고 말하는 듯하다. 떡갈나무 각두는 털이 긴 털모자처럼 보드라운 감촉을 선사한다.

갈참, 졸참 신갈나무의 각두는 앞서 언급한 세 나무의 각두보다 상대적으로 단순하다. 신갈나무의 각두는 갈참, 졸참에 비해 우아하다고나 할까! 일단 온전한 모양의 도토리를 서로 비교해 보면 "아하!" 하는 지점이 나올 것이다. 여기에 잎의 모양과 특징을 접목하면 자연을 즐기고 읽어내는 유용한 정보를 가지게 되는 것이다.

올가을이 오면 가까운 숲속으로 들어가 보자. 짙은 색의 가을날 바람결에 후드득 떨어지는 도토리를 찾아보자. 머릿속에 외워 각인하는 것보다 눈으로 보고, 손으로 느끼면서 알아가자. 그리고 시간이 된다면 종이 위에 그 대상들을 각자의 눈에 들어오는 모습대로 그려보는 즐거운 시간을 가져보자.

나의 각두는 어느 것일까?

굴참나무 각두

상수리나무 각두

떡갈나무 각두

걷고, 느끼며, 마음속에 쉼표를 그려본다

각두를 잃어버렸어요

푸른 하늘에 흰 달이 떠 있다

겨울의 끝자락, 둘레길을 돌아 철쭉 공원으로 향해 집으로 향하는 길목이다. 걸어가던 길 위에서 잠시 한숨 돌리고 싶어 뒤돌아서 하늘을 바라보니 푸르른 하늘 가운데 하얀 상현달이 이쁘게 웃고 있다. 아직 밝은 하늘에 달을 볼 수 있다는 것이 신기하다.

생각해 보면 달은 늘 하늘에 떠 있지 않은가!

물론 몇 가지 조건이 갖춰지면 낮에도 달을 볼 수 있다. 그러나 아마도 우리 대부분은 밤에 보는 달에 익숙해져서 밤에만 달이 하늘에 떠 있다는 착각에 빠져 있을 수 있다. 사람이

나 사물에 대한 익숙함, 그리고 자신도 모르게 스며든 편견 속에서 우리는 알 수 없는 미로를 헤매고 있다.

우리가 인식하지 못해도 자연은 항상 자신들만의 스케줄 속에서 그곳에 있어왔고, 지속적인 움직임을 이어나가고 있다는 것을 불현듯 느낀다.

세월이라는 시간의 톱니바퀴가 굴러가면서 미래에 언제라도 푸른 하늘을 볼 수 있기를, 코끝 시린 겨울의 차가움을 느껴볼 수 있기를, 떨어진 낙엽을 바라보며 센티멘털해질 수 있기를, 깨끗한 공기를 들이마시며 편안하게 숨 쉴 수 있기를 간절히 기원해 본다. 이 모든 평범한 일상마저 힘겨워진다면 너무나 불행할 것 같다. 발전을 위해 달려가는 불마차를 조금은 늦춰야 하지 않을까? 합리적인 공생(Symbiosis)—자연과 인간, 동물, 식물 등—관계를 유지하고 이끌어가야 하지 않을까?

하늘의 푸르름을 눈에 가득 담고, 계절마다 피어나는 아름다운 꽃들과 생기를 찾아가는 나무들의 풋풋함을 바라보며, 새소리 바람 소리를 들으면서 둘레길을 걷는 행복감을 내 삶속에 고이 안은 채 걸어가고 싶다. 저 아름다운 달도 함께…

저녁 5시 37분, 상현달을 담다

걷고, 느끼며, 마음속에 쉼표를 그려본다

차곡차곡

겨울의 계곡은 대개 메마르기 쉽다. 비 혹은 눈이 내리지 않으면 수량이 부족해 물이 잘 흐르지 않을 뿐만 아니라 불암산은 이름 그대로 바위산이라 물을 잘 흡수해 가지고 있을 토양이 그리 풍부하지 않다. 그래서 비가 온 후 급격하게 계곡물이 불어나지만 금방 잦아들게 된다.

눈을 감고 계곡물 흐르는 소리를 듣거나 햇빛에 반사되는 물결을 은근히 바라보는 것 또한 산을 걷는 사람들에게는 하나의 힐링 포인트이다. 계곡 가까이 바위에 누워 눈을 감아 본다. 바람이 '슬쩍 왔다가 갑니다'라고 말을 전하고 물소리가 '촐촐', '찰찰'거리며 끊임없이 이쁜 음률을 선사한다. 가

만히 귀 기울여 들어보면 다양한 새소리가 마음을 흥겹게 한다. '아!!! 정말 좋다'라는 마음이 아니 들 수 없다.

이윽고 눈을 떠 주변을 둘러보니 바위틈에 수북이 쌓인 낙엽에 시선이 닿는다.

수량이 적은 계곡 바위틈에 '밀푀유(Mille-Feuilles)'라는 음식처럼 켜켜이 쌓여진 낙엽의 한 꾸러미를 보면서 갑자기 배가 고파지는 것을 느낀 나는 '피식' 웃어버렸다.

차곡차곡 쌓아진 모습이 정교하게까지 느껴진 '낙엽 밀푀유'는 자연이라는 조리사가 나뭇잎을 재료 삼고 물과 바람의 조미료를 이용하여 만들어 낸 창작 음식이겠지요!

자연의 미슐랭 별점은 과연 몇 개나 될까?

계곡 한편에 차곡차곡 쌓인 낙엽들

익명의 눈사람 조각가들

눈이 내리면 가슴이 어린아이처럼 설렌다. 밖으로 나가 내리는 눈 속에 옷깃을 한껏 세우고 하염없이 걸어보고 싶다. 그리고 돋보기를 들고 눈의 다양한 결정 모양도 관찰해 보고 싶고, 눈사람도 이쁘게 만들고 싶다는 생각을 한다.

하지만 따뜻한 이불을 벗어나 문지방을 넘기가 여간 어려운 일이 아니다. 그래도 과감히 이불을 걷어차고 눈이 그치면 둘레길로 발걸음을 옮긴다.

이때 한마디로 익명의 다양한 작가들의 멋진 눈사람 작품들을 만날 수 있는 영광이 주어진다. 눈이 즐겁고 마음마저 훈훈해지니 더할 나위 없이 행복하다. 똑같은 모습은 하나도 없으며 창의적인 형태와 위트 있는 모습에 미소를 짓게 된다. 물론 약간의 장식을 내가 첨가한 눈사람도 있다. 작가의 허락을 받으려고 해도 불가능하여 임의로 내가 허락 없이 만져 익명의 작가들에게 죄송하다는 말을 전하고 싶다.

　겨울의 한가운데, 눈 덮인 둘레길을 걸으면 체력은 물론 마음 건강에도 더없이 좋다. 흰 눈처럼 마음이 깨끗해지는 기분이 든다. 그리고 이름 모를 작가들의 다양한 눈사람 작품을 감상하고 자연의 멋진 계절의 변화가 만들어 내는 풍경에 정신적인 치유와 마음의 정화를 느끼는 것에 감사하게 된다. 그리고 가지마다 눈꽃을 달고 있는 벚나무 이모들, 굴참나무 아저씨, 그리고 이름 모를 참나무 아저씨 아줌마들… 진달래 소녀, 생강나무 총각, 쪽동백나무 아가씨도 만나 인사하며 안아본다. 추운 날씨에도 잘 지내시고 봄날에 생기 충전하여 이쁜 잎들과 꽃들을 피우시라고 나의 마음을 전해본다.

둘레길에서 익명의 작가들이 만들어 낸 눈사람들

걷고, 느끼며, 마음속에 쉼표를 그려본다

하얀 조명 아래 나무에 기대어 생각하는 눈사람

붉은 가슴이 뛴다면
너무 행복할 텐데

눈이 그친 뒤, 가볍고 상쾌한 공기가 폐포 깊숙이 스며드는 겨울날, 나는 허둥지둥 둘레길로 달려갔다. 가슴이 후련해지고 날아갈 듯한 느낌은 느껴보지 못한 사람은 이해할 수 없을 것이다.

눈밭을 걸을 때 발길 아래 뽀드득거리는 소리와 눈의 보드라운 느낌이 내 마음을 동심으로 돌아가게 한다. 개구쟁이 어린 시절로 돌아가고 싶은 욕구가 스멀스멀 기어 올라온다.

등산스틱을 이리저리 휘저으며 콧노래를 흥얼거리다 둘레길 초입에서 누군가 만들어 놓은 예쁜 눈사람을 발견했다.

아마 이 눈사람을 만든 사람은 마음이 따뜻하고 온화할 것이라고 짐작해 본다. 한참 동안 그 눈사람 앞에 쪼그리고 앉

아 바라보다 이리저리 사진도 찍고 내가 해줄 수 있는 것이
뭐가 있을까 생각하던 순간, 난 그 눈사람에게 생명을 선사
하고 싶다는 생각을 하게 되었다. 신성한 영역에 발을 들여
무언가를 해보겠다는 의지가 불타올랐다.

주위를 둘러보니 팥배나무 열매가 이리저리 떨어져 있고,
마른 나뭇잎들과 관목의 마른 가지들이 뒹굴고 있다. 특히
팥배나무의 열매는 흰 눈 속에서 붉은 기운을 뿜어내고 있
다. 마치 붉은 혈액이 응축되어 생명의 에너지를 가득 품은
씨앗처럼 보인다.

마법같이 무언가 갑자기, 예고 없이, 부지불식간에 그 눈
사람에게 '확' 하고 일어나길 바라는 마음이다. 그 생각과 염
원을 담아 눈사람에게 붉은 심장을 선사하는 신성한 마음으
로 빠알간 팥배나무 열매를 가슴에 달아주었다.

진심으로 눈사람이 눈을 뜨고 몸을 움직여, 입으로 따뜻한
입김을 '후~' 하고 내쉬길 간절히 소망해 본다.

심장아 뛰어라⋯ 뛰어라⋯ 숨 쉬어라! 눈사람아!

빠일간 팥배나무 열매를 가슴에 단 눈사람
심장아 뛰어라!!

걷고, 느끼며, 마음속에 쉼표를 그려본다

선물 그리고 배려

겨울바람은 그 어느 때보다 매섭고 차갑다. 목도리를 두르고 장갑을 끼고 두꺼운 외투를 입고 온몸을 택배박스처럼 꽁꽁 포장한 후 둘레길로 나선다.

하지만 얼음장 같은 겨울 공기는 마스크 틈새를 비집고 들어와 콧속을 파고든다. 그 쨍한 시원함에 절로 몸이 움츠러든다. 하늘은 너무나 푸르고 미세먼지 한점이라도 존재하지 않을 것 같은 그 청량한 겨울 공기가 마음과 발걸음을 가볍게 한다. 그리고 기억의 잔재를 쫓는 사람처럼 항상 같은 루트의 둘레길을 가게 된다.

오늘처럼 이렇게 추운 날 새들은 무엇을 먹고 지내며, 어디에 몸을 숨기고 쉬는지 항상 궁금하고 걱정된다. 그래서 어느 날부터 가방에 해바라기씨, 조, 수수, 기장 곡물을 조금씩 넣어 다니고 있다. 오목눈이 떼를 만났던 곳에 조금 놓아주고 박새들이 재잘거리는 곳에 또 조금 놓아주고, 그리고 주로 만나는 청설모가 있는 주변에 점심 도시락처럼 놓아준다. 그 넓은 산에 다 뿌릴 수는 없지만 누구라도 발견하면 먹기를 희망하면서 말이다.

그런데 나와 같은 마음으로 자연을 생각하는 사람의 손길을 발견하면 마음이 따스해진다. 까지 않은 잣을 고이 놓아 둔 모습을 보고, 이 한겨울 목마를 새들을 위해 얼음 사탕을 만들어 둔 것을 보고, 벌어진 솔방울 틈마다 새들이 좋아하는 씨앗들을 넣고 나뭇가지에 걸어둔 것을 발견하고 아직은 자연을 보호하고 회복하는 데 희망이 많이 남아 있음을 느끼게 된다.

이런 조그만 행동이 '자연에 대한 배려가 아닐까!'라고 생각한다. 사실 우리들에게 자연으로부터 무상으로 주어지는 것이 많아 그 고마움이나 중요성에 대해 간과하게 되는 경우가 많다. 만약 벌목이나 산불 혹은 인간의 교만으로 인해 숲이 사라진다면, 나무들이 성장하는 속도보다 사라지는 속도가 엄청 빨라진다면 미래에는 우리가 산소통을 메고 다니거나 진화 과정을 거쳐 질소화합물 혹은 황화합물로 호흡 가능한 개체로 변할 수도 있을 것이다.

우리의 삶이 영원하지 않은 것처럼 자연도 영원하지 않은 어느 지점으로 달려가고 있다면 그 책임은 누구에게 있는지 생각해 볼 필요성이 있다. 지구에 존재하는 인간들이 각자의 방식으로 조그마한 배려를 자연에 베푼다면 그것이 모여 어마어마한 멋진 결과를 가져올 것이라고 난 생각한다.

'난 자연으로부터 아무런 조건 없이 너무나 많은 선물을 받고 있습니다'

'조그만 나의 배려가 자연을 더욱 풍성하게 하는 데 단 하나의 돌멩이 역할이라도 하길 바랍니다'

라고 기도해 본다.

겨울 숲속 친구들을 위한 따뜻한 마음

걷고, 느끼며, 마음속에 쉼표를 그려본다

겨울 나뭇가지에 매달린 시원한 얼음사탕

그래 사랑이야

소설 속의 사랑 이야기를 읽고 가슴이 콩닥거리던 어린 시절이 엊그제 같은데 이제 서산으로 해가 조금씩 기울어지는 전환점에 서 있다. 점점 많아지는 숫자에 처음에는 마음으로 받아들이기가 힘들었다. 젊음의 상실과 같이 따라오는 죽음이라는 그림자에 대한 두려움이 나를 더욱 짓눌렀기에 나 자신을 있는 그대로 받아들이는 것이 힘겨울 때가 있었다.

어느 해 나는 몹시 우울했고, 사방이 나를 가로막는 듯한 절망감 속에 허우적거렸다. 그때 그림을 그리기 시작했다. 사실 그림이기보다는 종이 위에 긁적이는 선만이 춤을 추었다. 그럼에도 불구하고 내 마음을 그 선 위에 '아슬아슬'하게 내려놓았다. 그리고 붓을 들기 시작했을 때 색감에 매료되어

걷고, 느끼며, 마음속에 쉼표를 그려본다

흰 도화지가 물들어 가는 모습에 희열을 느끼게 되었다. 붓이 나를 거부하거나 내가 붓을 들 수 없는 감정적인 상황이 불현듯 다가오면 나는 무조건 둘레길로 향했다.

아무런 요구 없이 숲은 깊고 따스한 품으로 나를 감싸주고, 이해해 주고, 내 마음의 덧난 상처를 조금씩 치유해 주었다. 한 걸음 한 걸음 걸을 때마다 가슴에 빨간 눈물방울들이 내려앉았다. 그러나 그 눈물방울들은 시원한 바람 속에, 향긋한 꽃 내음에, 이쁘고 청량한 새소리에, 묵묵히 서 있는 나무들의 굳건함에, 아름다운 꽃봉오리로 변했다가 천상의 꽃으로 피어났다. 그리고 어느 순간 시들어져 다시 숲으로 돌아갔다.

숲에 누워 푸른 하늘을 올려다보면 모든 것이 평화롭다. 높은 나무들이 서로의 공간을 침범하지 않고 바람결에 흔들리는 아름다운 수관의 하모니가 참으로 멋져 보인다. 그리고 그 사이로 떨어지는 햇살들은 나뭇잎에 부딪히고 부딪혀 내 눈으로 들어오는 부드러운 빛으로 변해 있다. 너무나 친절한 자연의 배려 속에 나는 사랑을 배워가고, 사랑을 이해하게 되고, 그리고 부드러워진 그 사랑을 나누는 법을 익혀가고 있다.

서로 이해하는 사랑

걷고, 느끼며, 마음속에 쉼표를 그려본다

나무에 새겨놓은 사랑의 약속처럼

하늘… 가슴속 그리움

누구에게나 가슴 한편에는 어린 시절 소중했지만 이루지 못했던 꿈 하나쯤은 간직되어 있을 것이다.

나는 어쩌다 한 번씩 아무도 몰래 그 이루지 못한 꿈을 꺼내어 보면서 천방지축에다 자연 속에서 뛰어놀던 어린 시절 나를 뒤돌아보곤 한다.

여름이 짙어지는 날에는 평상 옆에 모깃불을 피우고 동네 친구들, 이모 집 언니들과 함께 옹기종기 모여 수다 떨거나 학교에서 배운 동요를 부르다 깔깔거리고, 엄마가 가져다준 참외 한 덩이를 돌려 먹으며 이유를 붙일 수 없는 즐거움들이 가득했던 것을 기억한다.

이모 집 언니가 물었다 "주야[*]. 니는 커서 뭐가 되고 싶은데?"

나는 평상에 누워 캄캄한 하늘에 반짝이는 별을 바라보며 말했다. "나는 별을 연구하는 사람이 되고 싶다 아이가. 깜깜한 밤에 별이 우짜면 저렇게도 이쁜지 알고 싶데이."

아마도 그때 나는 별이 밤에만 하늘에 모습을 드러내는 줄 알았을 것이다. 무엇보다 깊고 검은 하늘 속 반짝이는 별빛이 보석처럼 눈에 가득 들어와 어린 여자아이의 마음에 깊이 새겨져 빛났었다.

오늘날 도시의 불빛에 가려진 밤하늘은 그 시절의 밤하늘과는 확연히 다른 깊이를 지닌다. 그 시절 밤하늘의 어둠은 두려움이 아닌, 짙고 검푸른 물결이 파도처럼 하늘에서 넘실대는 듯하고, 아주 진한 남색의 새틴으로 만든 드레스처럼 우아한 느낌이었다. 그 속에서 빛나는 보석 같은 별들을 가슴에 가득 담고 별을 공부하며 가르치는 사람이 되기를 꿈꿨던 시골 소녀는, 세월이 흘러도 그 시절을 잊지 못한 채 마음속 깊이 그때를 아름답게 간직하고 있다.

자신을 스스로 책임지고 나아가야 할 나이가 되었을 때부

---

[*] 엄마가 나를 낳아 가슴에 안았을 때 '공주구나!'라는 말을 하셔서 나의 아명은 '공주'가 되었다고 한다. 그래서 초등학교 들어가기 전까지 난 나의 실제 이름을 모르고 지냈다.

터 하늘보다는 땅을 보고 더 많이 지낸듯하다. 무거운 삶의 고뇌라고 이야기하기보다는 빠르게 돌아가는 생활 속에 뒤처지지 않기 위해, 이루고자 하는 목표를 달성하기 위해 그저 땅을 바라보며 수레바퀴만을 굴려온 듯하기 때문이다. 물론 이러한 삶이 무의미하거나 허무하다는 것은 아니다. 이상향을 고이 접어두고 주어진 상황과 조건에서 최선을 다했다는 것은 삶을 일구어 나가는 데 큰 의미가 있다고 생각한다.

무엇보다 둘레길을 걸으며 비로소 차분히 하늘을 여유롭게 즐기는 순간이 많아질수록, 마음의 얼룩은 희미해지고, 깊은 수렁과도 같은 감정의 골들이 평탄해지며, 넓고 편안해진 나 자신을 대면하게 된다. 바위에 누워 바라보는 하늘에 안기는 그 순간은 한겨울이라도 포근함을 느낄 수 있고, 있는 그대로의 나를 알아주는 듯하여 감사하다.

하늘은 내 꿈의 시작이며, 나를 조건 없이 깊이 이해해 주는 친구와 같다. 해가 떠오르는 동녘 하늘도 멋있지만, 노을이 지는 서쪽 하늘 또한 그 아름다움은 이루 말할 수 없다. 계절마다, 혹은 시시각각 바뀌는 하늘의 모습 속에서 내 마음은 더욱 푸르고 풍요로운 사람으로 변화하는 행운을 누리고 있다.

푸른 하늘과 흰 구름, 그리고 짙어진 초록의 조화

붓으로 그린 듯한 수채화 같은 하늘

걷고, 느끼며, 마음속에 쉼표를 그려본다

노을로 물든 아름다운 서쪽 하늘

둘레길을 걷다가 문득 발걸음을 멈춘다. 나의 발에서 뿌리가 나오고, 온 신경은 숲속의 나무들과 교류를 하기 위한 전기신호를 만들어 낸다. 나의 팔은 가지로 변하고, 그 가지마다 파릇파릇한 어린잎들이 돋아난다. 시간이 흐를수록 잎들은 더욱 튼튼한 녹색으로 짙어진다.

나의 몸통은 나무줄기가 되어 튼실한 뿌리와 가지를 굳건히 지탱한다. 새들이 찾아온다. 벌들도 날아든다. 나비도 팔랑거리며 다가온다. 푸른 잎 사이로 햇살이 춤춘다. 꽃이 피어나고 바람이 불면, 그 바람에 나의 모든 것을 맡기기도 한다.

이윽고 열매를 맺어 새로운 생명의 탄생을 알린다. 차가운 겨울이 오면 조금 쓸쓸하지만, 에너지를 축적하며 포근한 눈이 내리길 기다리고 다가올 봄을 기쁘게 맞이하리라 다짐한다.

어느덧 둘레길에 선 나는 한 그루 나무가 되었다.

행복했고, 지금 이 순간이 더없이 행복하다.

걷고 느끼며,
마음속에 쉼표를
그려본다

초판 1쇄 발행 2025. 11. 30.

지은이 김현숙
펴낸이 김병호
펴낸곳 주식회사 바른북스

편집진행 황금주
디자인 김효나
마케팅 송송이 박수진 박하연

등록 2019년 4월 3일 제2019-000040호
주소 서울시 성동구 연무장5길 9-16, 606호 (성수동2가, 블루스톤타워)
대표전화 070-7857-9719 | **경영지원** 02-3409-9719 | **팩스** 070-7610-9820

•바른북스는 여러분의 다양한 아이디어와 원고 투고를 설레는 마음으로 기다리고 있습니다.

이메일 barunbooks21@naver.com | **원고투고** barunbooks21@naver.com
홈페이지 www.barunbooks.com | **공식 블로그** blog.naver.com/barunbooks7
공식 포스트 post.naver.com/barunbooks7 | **페이스북** facebook.com/barunbooks7